EDMOND MICHEL

(1831-1886)

NOTICE NÉCROLOGIQUE

PAR

HENRI STEIN

AVEC UN PORTRAIT A L'EAU FORTE

Par P. TEYSSONNIÈRE

ORLÉANS

H. HERLUISON, LIBRAIRE-ÉDITEUR

17, rue Jeanne-d'Arc, 17

1886

EDMOND MICHEL

(1831-1886)

NOTICE NÉCROLOGIQUE

PAR

HENRI STEIN

AVEC UN PORTRAIT A L'EAU FORTE

Par P. TEYSSONNIÈRE

ORLÉANS
H. HERLUISON, LIBRAIRE-ÉDITEUR
17, rue Jeanne-d'Arc, 17

1886

EDMOND MICHEL

(1831 - 1886)

DMOND MICHEL naquit à Paris le 6 avril 1831, dans une famille de bourgeoisie aisée. Ses premières études furent commencées dans une institution de la rue La Bruyère où, tout jeune, il fut l'ami et le camarade de Fernand de Schickler, aujourd'hui président de la Société du protestantisme français. Ayant montré de bonne heure d'heureuses dispositions pour l'étude, son père, industriel, le dirigea vers les mathématiques qui auraient pu faire de lui un ingénieur ou un chimiste. Le rêve paternel ne se réalisa pas, et si plus tard Edmond Michel aimait à se ressouvenir de ses années de jeunesse, il ne cachait jamais l'ennui profond que lui avaient causé les études abstraites de l'algèbre et de la géométrie. Plusieurs années se passèrent à préparer l'examen d'admission à l'École polytechnique, de concert avec Ch. de Freycinet, auquel le rattachaient d'étroits liens d'amitié.

La maîtresse qualité d'Edmond était le dessin : maniant le crayon avec une rare facilité, il ne se doutait guère, à dix-neuf ans, qu'il mettrait un jour ce talent inné au service de l'art et de l'archéologie. Mais la vocation n'était pas encore indiquée : la carrière à peine entr'ouverte semblait vouloir le rejeter comme indigne, et dans la première effervescence de la jeunesse épanouie au sortir du lycée, il perdit infructueusement plusieurs années, sans trouver l'emploi des connaissances acquises.

Tout à coup, une décision fut prise. Avide de connaître, désireux de compléter son instruction, il quitta la maison paternelle et se rendit en Allemagne pour étudier de près les modifications nouvellement apportées et appliquées à la fabrication des produits chimiques. Son séjour dans le Wurtemberg fut d'assez longue durée; la fièvre de travail qui le possédait et qui ne l'a point quitté jusqu'à son dernier jour lui donnait une supériorité incontestable, et son intelligence si vive l'aidait à se mettre tout aussitôt au courant des questions les plus diverses qui s'agitaient autour de lui. A l'âge qu'il avait alors, on aime à s'expatrier de bonne volonté, à voir, à connaître : sachant mettre à profit toutes les circonstances, Edmond Michel devait trouver dans ces voyages, dans ces déplacements, dans l'attrait de la nouveauté une source de comparaisons et d'études qui plaisent à l'imagination juvénile. Que de fois on l'entendit raconter des épisodes se rattachant à son séjour en Allemagne! Ses amis d'autrefois n'avaient pu l'oublier : des correspondances récentes en témoignent aisément. Que de fois aussi regretta-t-il de n'avoir pu, quand l'occasion se présenta[1], partir pour Sainte-

---

1. « ..... En rangeant des papiers de ma mère, j'ai trouvé sa correspondance avec M. l'abbé Félix Coquereau, aumônier en chef de la marine. Ma famille a été intimement liée avec M. Co-

Hélène, avec un ami de sa famille! Il aimait au plus haut degré l'imprévu.

On ne saurait assez mettre en lumière ce côté essentiel du caractère d'Edmond Michel. En quelque lieu qu'il se trouvât, quel que fût le motif de ses investigations, il évitait avec soin les sentiers battus et voulait s'enquérir toujours des nouveautés à explorer. Cette qualité de chercheur qui se développa avec l'âge lui avait donné, avec un sentiment très juste d'appréciation, un esprit d'observation exact et sûr. Après avoir visité l'Angleterre, dont il conserva une impression assez vague, il songea que l'Italie devait lui offrir une variété de souvenirs plus pénétrants et plus vivifiants. Le séjour y fut long; le travail fécond. Là ce pouvait être un sujet à copier, là un groupe à dessiner. Mais d'abord, à Venise, à Naples, à Florence, à Pise, il se contenta d'admirer; puis, chemin faisant, il collectionna, achetant un meuble, une statuette antique, un tableau de maître italien; et, sans songer au lendemain, il augmenta petit à petit cette collection d'amateur formée par les loisirs d'un homme passionnément épris des beautés de l'art antique et émerveillé des splendeurs de la Renaissance italienne. Mais les plus belles choses, continuellement amassées, à la fin deviennent encombrantes; il se résigna à se séparer de ce qu'il

---

quereau de 1836 à 1866, année de sa mort, et si elle ne m'avait pas refusé sous prétexte de ne pas interrompre mes études, l'abbé m'emmenait comme enfant de chœur chercher les cendres de Napoléon à Sainte-Hélène, en 1840, voyage que j'ai toujours amèrement regretté. » *(Lettre du 19 mars 1884.)*

appréciait le plus, et vendit des objets du plus haut prix et de la plus parfaite authenticité [1]. Telle œuvre d'art, vendue par un paysan de la Romagne ou arrachée au vandalisme dans la plus pauvre localité de l'Ombrie, orne aujourd'hui, grâce à lui, les galeries du château de Ferrières-en-Brie ou les salons de Chenonceaux. Et afin de conserver encore, après la séparation, le souvenir de ces richesses disparues pour lui, et d'en contempler l'image avec un noble orgueil, il ne voulut jamais s'en dessaisir sans en prendre le dessin fidèle : à cet album, où se coudoient les faïences d'Urbino, les statuettes de Tanagra, les meubles de Foligno, les verres de Venise, était réservée la place d'honneur dans le cabinet de travail de Touvent, où il passa les dernières années de sa vie, et sa pensée, en le feuilletant parfois [2], le ramenait à ce ciel d'Italie qu'il aimait tant, aux hommes qu'il y avait connus et fréquentés. L'un

---

1. Un objet curieux, resté toujours en sa possession, était le sceau-matrice de Jean Pot, abbé de Ferrières-Gâtinais. Il a été décrit par M. K. Versnaeyen dans le *Moniteur de la numismatique et de la sigillographie* (1re année, sept.-oct. 1881, p. 1-3).

2. Un jour, en Vénétie, Edmond Michel mit la main sur deux charmantes pièces de sculpture formant pendants et paraissant se rapporter à l'ensemble d'un monument funéraire. Le marbre du grain le plus fin était dans un état de conservation parfaite. Grâce à d'habiles déductions, et en rapprochant ces sculptures d'un dessin conservé dans une collection particulière, il parvint à en reconstituer l'ensemble, qu'on sait être le tombeau d'un noble vénitien du XVIIe siècle. Edmond projetait d'écrire, grâce à ses dessins et à ses souvenirs, un mémoire spécial sur ce sujet qui n'eût pas manqué d'intéresser les lecteurs de la *Gazette des Beaux-Arts*.

d'eux, Selvatico, l'auteur estimé d'une *Etude sur l'architecture civile et religieuse à Venise*[1], l'invita à traduire cet ouvrage en français : Edmond, qui connaissait à fond la langue italienne, se mit, une fois rentré en France, en devoir de satisfaire au désir de son ami. Rapidement, il se mit à la besogne et donna l'exemple d'une persévérance au travail qui lui permit de terminer en peu de mois la traduction fidèle et complète qui lui avait été conseillée. Le texte était prêt; les planches de l'édition italienne pouvaient aisément supporter un nouveau tirage et serviraient d'illustration à ce superbe volume. Mais sur les entrefaites, l'ouvrage de M. Ch. Yriarte parut[2]; la traduction de Selvatico destinée aux amateurs français n'offrait plus le même intérêt, d'autant que plus d'une planche eût fait double emploi. Le gros manuscrit resta donc inédit.

Toutefois Edmond Michel n'était pas homme à perdre son temps. Fixé à Lyon, il ne cessait de s'occuper de ses chères études, et sut organiser avec quelques érudits de la contrée, grâce à une étonnante activité, l'exposition régionale de 1877 qui fut un succès. Naturellement, la question tableaux, tapisseries, objets d'art, faïences lyonnaises, lui revint

1. Marchese Pietro E. Selvatico : *Sulla architettura e sulla scultura in Venezia dal medio evo sino ai nostri giorni, studi per servire di guida estetica* (60 pl.). Venezia, 1847. Pour les autres œuvres du même auteur, cf. *Universal catalogue of books an Art* (London, Chapman et Hall, 1870), II, p. 1867-1868.

2. Ch. Yriarte : *Venise, histoire, art, industrie, la ville, la vie.* (525 grav.). Paris, Rothschild. In-folio, XII, 328 p. et 8 pl.

de droit[1]. Sur sa demande, M. Alf. Darcel, administrateur des Gobelins, se rendit à Lyon et visita l'exposition en félicitant l'organisateur; en retour, M. Darcel lui demanda d'écrire dans la *Chronique des Arts et de la Curiosité*[2] une série d'articles qui le mirent en rapport avec nombre de collectionneurs, d'artistes, d'érudits. Il eut des relations suivies avec Viollet-le-Duc, il fréquenta M. Ph. de Chennevières, et connut intimement Clésinger.

Ce fut encore pendant son séjour à Lyon qu'il publia son *Essai sur les faïences de Lyon*[3], où il apporta quelques additions à l'important ouvrage de M. de la Ferrière-Percy sur la même question, et qu'il donna au public un *Essai sur la réorganisation de l'enseignement artistique*[4], où il développe et fait pour ainsi dire toucher du doigt, avec la sagacité d'un homme qui a beaucoup pensé, beaucoup approfondi, les lacunes de cet enseignement et les remèdes qu'il convient d'y apporter. Quelques-uns de ses conseils ont été écoutés : d'autres trouveront peut-être dans l'avenir une réalisation partielle.

---

1. L'année précédente, il avait rédigé le catalogue de la partie de sa collection destinée à la vente : *Catalogue de la collection céramique et des principaux tableaux et objets d'art appartenant à MM. Michel et Robellaz.* (Lyon, Georg, 1876) ; in-8°, 127 p. Une nouvelle vente eut lieu les 20-23 mars 1878; le catalogue existe aussi (Lyon, Storck) ; in-8°, 38 p.

2. Annexe de la *Gazette des Beaux-Arts*, 1877, p. 168 et 186.

3. Lyon, Georg, 1876; in-4°, 19 p. et grav.

4. Lyon, Georg, 1877; in-4°, 22 p. (dédié à M. Waddington, ancien ministre). Cf. *Chronique des Arts et de la Curiosité*, 1877, p. 315.

Dès lors, la voie dans laquelle s'engageait Edmond Michel est bien indiquée; de jour en jour il tend à devenir historien, critique d'art, archéologue. Désormais il nous appartient tout entier.

Ses parents, retirés des affaires depuis de longues années, étaient venus se reposer dans une ancienne propriété de famille[1], délicieusement située à quelques kilomètres de Montargis, sur les bords du Loing. Lui, y paraissant d'abord par intervalles, s'acclimata vite dans cette riante demeure, puis s'y installa définitivement. Et là encore, son imagination travailla. Comment employer le temps? Pourquoi ne pas profiter des connaissances acquises? Pourquoi demeurer inactif dans une région où il y a tant à connaître et à admirer? Il partit donc, le crayon à la main, et visita successivement Ferrières, Château-Landon, Montargis, Moret, Châtillon-sur-Loing, et bientôt il eut parcouru toute cette contrée qui jadis était appelée *Gâtinais*. Il en sortit, sans beaucoup tarder, un premier, puis un second et dernier volume, sous le titre de : *Les Monuments religieux, civils et militaires du Gâtinais, depuis le* XIe *jusqu'au* XVIIe *siècle*[2]. Si l'on a reproché à cet ouvrage consciencieusement élaboré d'avoir été écrit un peu précipitamment et

---

1. Edmond Michel appartenait du reste par sa mère à une vieille famille orléanaise; il comptait parmi ses ancêtres directs un ingénieur habile, M. Doderlin, qui, vers 1770, dirigea une partie des travaux du canal du Loing. La maison actuelle de Touvent, reconstruite en 1879 d'après les plans de M. E. Colin, architecte à Montargis, remplace une habitation antérieure.

2. Lyon, Georg; Paris, Champion; Orléans, Herluison. 2 vol. gr. in-4° avec 107 planches, en 9 livraisons (1877-1879).

de contenir quelques erreurs inévitables en pareil cas, on ne saurait oublier que les 107 planches qui l'accompagnent, presque toutes dessinées par l'auteur[1], représentent toutes les œuvres remarquables du pays, avec une sincérité et une pureté au-dessus de tout éloge. C'était le premier travail considérable d'Edmond Michel. Il fut assez bien accueilli dans le monde savant[2]. Mais le texte, qui n'était là qu'un simple accompagnement du dessin, ne lui suffisait pas : il voulut compléter ses recherches et visiter les archives et les bibliothèques, dans l'espoir d'y trouver les éléments indispensables de précision et les événements d'histoire locale auxquels un archéologue ne doit jamais rester étranger.

Entre temps, il ne négligea rien pour se faire connaître jusque dans les sphères officielles. L'amitié dont l'honorait son cousin, le baron de Girardot[3], lui ouvrit les portes de l'administration. Lorsque, le 14 septembre 1879, le comice agricole du dépar-

---

1. Un très petit nombre de ces dessins sont l'œuvre d'un de ses neveux, M. Bourdet, trop prématurément décédé.

2. Je citerai parmi les revues le *Bulletin monumental* (tome 44, p. 283-286), où M. Léon Palustre se montre très sympathique et encourageant; et parmi les journaux, la *République française* (n° du 14 juin 1881), qui est très élogieuse par la plume d'un critique d'art compétent, M. Ph. Burty. Dans la *Revue archéologique*, tome 36 (1878), p. 396-400, tout en rendant hommage aux qualités de l'archéologue, M. L. Courajod se montre moins bienveillant : mais il est juste de dire qu'on pourrait relever dans la critique de M. C. quelques inexactitudes.

3. Edmond Michel a publié : *Le baron A.-Th. de Girardot, archéologue, sa vie, son œuvre*, dans les *Annales de la Société du Gâtinais*, t. I (1883), p. 129-152; (tirage à part à 100 ex.).

tement du Loiret se réunit à Ferrières-Gâtinais, il en profita pour porter, devant M. Cochery, alors ministre, présent à cette solennité, un toast en faveur « de l'art et de la conservation des monuments dont ils sont la plus haute expression. » L'année suivante, Edmond Michel, déjà membre de plusieurs sociétés savantes et associé correspondant de la Société des Antiquaires de France, prit la parole au congrès des sociétés des beaux-arts des départements, à la Sorbonne : il y lut, sur la famille de trois peintres allemands se rattachant à l'École française, les Tischbein, une notice très neuve dont il avait puisé les principaux éléments dans les tableaux et portraits de sa propre collection[1]. L'année suivante (1881) il revint à la Sorbonne avec une nouvelle notice, aperçu sommaire des richesses qu'il avait recueillies dans ses voyages, sur la *Sculpture tumulaire de l'Orléanais et du Gâtinais*[2]. Membre non-résidant du comité des Beaux-Arts des départements depuis 1880, officier d'académie depuis le 20 avril 1878, il reçut sa nomination au grade de chevalier de la Légion d'honneur le 21 mai 1880.

Cette flatteuse distinction ne fit que l'encourager

---

1. *Réunion de la Société des Beaux-Arts des départements, à la Sorbonne*, 4e session (1880); Paris, Plon, p. 205-218. Le même travail complété et augmenté a paru sous le titre : *Étude biographique sur les Tischbein, peintres allemands du dix-huitième siècle* (Lyon, Georg, 1881). In-4°, 42 p. avec 5 pl. (tiré à 100 ex.).

2. Orléans, Herluison, 1882; in-18, 26 p. (tiré à 100 ex.). Cf. l'*Almanach historique et statistique de Seine-et-Marne* pour 1883. (Meaux, Le Blondel, p. 162-164).

dans la voie où il s'était engagé. Il continua ses travaux avec une fiévreuse activité ; ennemi du monde et des plaisirs, il savait trouver dans la variété de ses sujets d'étude une consolation toujours nouvelle, mais il ne prévoyait pas qu'un excès de fatigue pouvait lui coûter la vie. Il aimait ses livres et ne s'en séparait pas. Il vivait pour travailler, pouvant se dispenser de travailler pour vivre. Et durant des journées de treize ou quatorze heures de patient labeur, il prenait des notes, écrivait des fiches, dépouillait des in-folio, amassant pour des travaux ultérieurs des tables gigantesques, des manuscrits copieux, mille instruments de travail qui suffisaient à faire son bonheur et sa joie. Puis, l'été venant, il attelait *Rapid*, partait en sa voiture pour des tournées archéologiques qui duraient quinze jours, un mois peut-être. Son itinéraire était tracé d'avance, ses projets mûris ; il visitait jusqu'au plus humble hameau pour y découvrir un débris de vieux château, une ruine de prieuré, relevait dans chaque église les inscriptions, les objets d'art, et ne manquait pas de faire l'ascension du clocher. Jamais las, toujours d'humeur égale, il ne redoutait qu'une chose : n'avoir pas le temps d'accomplir tous ses projets. Rien ne peint mieux son caractère que cette lettre, écrite le 15 juillet 1882 :

Toutes les 111 inscriptions que j'ai rapportées de mon excursion sur les bords de l'Yonne sont cataloguées, rangées, classées dans la bibliothèque à rouleaux. Actuellement, je possède 1178 inscriptions de l'ancien diocèse de Sens. Il me reste environ cent communes à visiter : cinquante en août, cinquante en septembre. Plus la ville de Sens au mois d'octobre. J'arriverai très probablement à un chiffre total, pour cet ancien diocèse, variant entre 1400 et 1500. Ce ne sera pas trop mal.

L'évêque de Meaux m'a fait demander de commencer l'an prochain son ancien diocèse. Celui-là ou un autre, — j'hésitais entre Troyes et Auxerre, — cela m'est égal.

Tant que Dieu me donnera vie, santé, pas de ventre, des jambes flexibles pour me baisser à l'estampage, et des jambes solides pour grimper aux clochers, je continuerai mon œuvre. Qui sait même, si les jambes manquant, je ne prendrai pas avec moi un secrétaire pour estamper et grimper? J'en serai bien capable.

Et cette autre du 8 août, n'était-elle pas charmante d'esprit et d'à-propos? On me pardonnera de la transcrire en entier :

Mon cher ami, j'ai reçu votre petit mot à Cerisiers. Le temps des cerises était passé. Ce n'est pas comme le temps des épreuves! Ah! j'en subis de rudes épreuves! D'abord pas d'épreuves d'imprimerie. Puis les épreuves de route ne me manquent pas, celles-là; cela fait compensation. Je suis en Aube et en Yonne, toujours montant, toujours descendant, pour remonter et redescendre encore! Je ne trouve rien cette fois, — à part les montées et les descentes, — et si je trouvais quelque chose, comme ma moyenne, je ne visiterais pas plus de 4 communes en un jour. Cette avant dernière excursion archéologique dans cette partie de l'ancien diocèse de Sens fera époque dans ma vie. Je la souhaite à un de mes ennemis.

Ici j'ai été dédommagé de mes déboires archéologiques des jours précédents; j'ai usé dans l'église de Villeneuve-sur-Yonne deux rouleaux de papier. De 7 heures du matin à 4 heures 1/2 du soir, sauf 1 heure 1/2 pour déjeûner, je suis resté dans ce temple du Seigneur, admirable édifice du XIIIe siècle, gâté par les deux premières travées de la nef et la façade de la Renaissance. Tout en estampant, je faisais un article fulminant pour cette époque qui loge dans le tympan d'un grand portail trois portiques formés chacun de trois colonnes ioniques et d'un fronton triangulaire! Il n'est pas possible de pousser plus loin le manque de compréhension architectonique. Un ornement doit avoir sa raison d'être, c'est-à-dire concourir au but, à l'ensemble, à l'idée mère. Je vous demande un peu ce que viennent faire ces trois portiques complets abrités sous un arc plein-cintre, dans un tympan. C'est bête et laid. Ah! cet art gothique de fin XIIe et XIIIe, quelle merveille! quel art dans les plus vulgaires destinations! Je voyais aujourd'hui travailler des ouvriers à une verrière. Eh bien! ils trouvaient un charmant chemin établi au-dessus de l'arcature du rez-de-chaussée, chemin de 80 centimètres de large, passant derrière les colonnes des arcs de la voûte. Sur ledit chemin était posée une simple échelle qui leur permettait de consolider, de réparer la verrière; tandis qu'avec cette absurde Renaissance il eût fallu un échafaudage. Et même agencement pour les fenêtres hautes. En sorte que l'on peut à tout instant vérifier l'effet des pluies, du vent, dans ces tableaux de fer et de verre. A la bonne heure! voilà de l'art bien compris. Sans compter que cet agencement forme des ombres puissantes, enlève à la construction de la lourdeur, permet des détails charmants de grosse construction, et ranime l'âme de votre ami. En montant à la tour, je voyais à quarante mètres du sol des chapiteaux de la Renaissance sculptés aussi finement, avec d'aussi petits sujets, — feuilles, chimères et volutes, — qu'au rez-de-chaussée! Je les ai ensuite regardés d'en bas : on ne voit rien. Tandis que ce bon, cet excellent, ce splendide, ce raisonné XIIIe a de beaux crochets faisant de belles ombres qui les font non pas apercevoir, mais voir.

La Renaissance, c'est bon pour un rez-de-chaussée ou pour un meuble. Voilà mon *ultimatum*, aussi farouche que celui de lord Dufferin à la Sublime-Porte. Je vous donne donc vingt-quatre heures pour me donner raison.

Pour finir : l'église de Villeneuve a une cloche avec inscription (que je lirai cet hiver ou l'autre, car elle est estampée) en capitales gothiques, c'est-à-dire de 1250 à 1325-50. J'en ai trois comme cela. Enfoncé Guilhermy et le diocèse de Paris, sans compter mon chevalier de Beauchery[1] avec sa cotte de *bronze* armoyée à ses armes, du XIIIe, toujours. Ah! l'amour du siècle! que n'y ai-je vécu? J'aurais été architecte et aussi modeste qu'eux : mon nom serait inconnu, tandis que les presses de M. Jacob, si elles se pressent toutefois, me rendront immortel au fin fond d'une bibliothèque.

Les curés sont par ici tellement affolés que si je n'avais pas des lettres d'évêques et d'archevêques, je ne pourrais pas la plupart du temps relever une inscription : ils me répondraient que cela abime la pierre!!... Je rentrerai dimanche.

J'aimais surtout en lui cette chaleur communicative, cette sympathique cordialité qu'il savait faire régner autour de lui : son cabinet de travail de Touvent était devenu un centre d'études que ses amis fréquentaient le plus souvent qu'ils le pouvaient, venant le distraire trop rarement de son travail acharné. C'était comme une cellule d'anachorète, où les livres de science ornaient seuls les tables et les murailles, où l'on n'entendait point de conversations inutiles, où l'on s'entr'aidait par cette fraternelle émulation qui a fait autrefois la force des Bénédictins de la Congrégation de Saint-Maur. Il s'estimait particulièrement heureux de n'être à la merci de personne, de s'abstenir de toute ambition politique, et de n'avoir aucun dérangement, ne possédant plus pour toute famille que ses père et mère. En effet, en peu d'années, une sœur bien aimée, un neveu, d'autres proches parents encore lui avaient été ravis, et sa nature délicate était trop sensible

---

1. Canton de Villiers-Saint-Georges, arrondissement de Provins (Seine-et-Marne).

pour n'avoir pas ressenti les cruelles amertumes de ces séparations renouvelées. Quelquefois il trouvait le moyen d'échapper à l'effet de ces souvenirs encore récents, et des occasions d'origines diverses l'aidèrent à supporter moins malaisément le poids de la douleur.

Il y a peu d'années, vint se fixer à quelques mètres de son habitation, M. Rolier, qui pendant la guerre de 1870, avait quitté Paris par le ballon *la Ville d'Orléans*, pour porter en province des dépêches qui pouvaient amener le salut de Paris et la délivrance de la France entière. Cet aéronaute improvisé avait rédigé le récit de son voyage qui, après mille péripéties diverses, aboutit en Norwège. Là, des fêtes splendides et des manifestations patriotiques eurent lieu en son honneur. Mais la narration, telle qu'elle était écrite, n'était pas imprimable; Edmond Michel s'imagina, avec l'assentiment de l'auteur, de la refaire en grande partie[1]. Il s'y adonna

---

1. « A bord du ballon *la Ville d'Orléans*, 24 octobre 83 :

» Mon cher ami, il fait un froid intense : 30° au-dessous de zéro. De plus, je suis à 2,700 mètres au-dessus du niveau de la mer, du moins c'est ce qu'assure mon baromètre anéroïde; je viens d'échapper à une mort affreuse. Il y a dix minutes, j'étais à quatre ou cinq mètres de la surface de la mer, et de la mer du Nord, par parenthèse, guettant un navire pour me recueillir. Mais les requins paraissant en vouloir à ma peau, j'ai préféré, si mal que cela soit, flanquer à la mer un sac de dépêches de 125 kilos, et, comme une flèche, j'ai atteint mes 2,700 mètres. Ce qui adviendra de moi, je n'en sais rien. Je porte à Gambetta une dépêche qui intéresse la jonction de l'armée de Paris et de l'armée de la Loire *(cela pour vous seul)*, et je vois bien que ma dépêche sera fortement retardée, car, je n'en puis douter,

comme toujours avec ardeur, mais le manuscrit ainsi remanié n'a point vu le jour.

Il accueillit favorablement l'idée de la fondation de la Société archéologique du Gâtinais, dont on lui offrit dès l'origine la présidence, et depuis le 1er janvier 1883 il s'en occupait avec assiduité; s'il ne voulait pas se voir, suivant sa propre expression, passé à l'état d'orateur, il ouvrait chaque séance par une improvisation toujours très goûtée, et son discours annuel savait être aimable pour chacun, tout en restant dans les limites de la vérité. Tous ceux qui ont pu se trouver avec lui en rapports constants voudront affirmer qu'il a suivi le développement de cette association avec un vif intérêt : il vécut assez pour applaudir à sa prospérité naissante[1]. Ses *Annales* renferment de lui des travaux de véritable érudition, comme cette notice sur les *Audran*, résultat d'investigations dans les archives locales[2]; récemment encore, il terminait pour elle le dépouillement des registres de l'état civil de la ville de Montargis[3], et quelques jours à peine avant l'heure suprême où il

---

je file sur la Norwège; j'aime encore mieux cela que d'aller au pôle Nord. Je laisse tomber ma lettre à la mer, bien certain que les nombreux pêcheurs de ces parages la recueilleront et la jetteront à la poste... » *(Lettre à M. Herluison.)*

1. Voir le discours qu'il a prononcé à l'inauguration de la Société le 4 mars 1883 *(Annales*, I, p. 6-10). Ses autres allocutions ont été publiées dans le journal l'*Abeille de Fontainebleau*.

2. *Annales de la Société historique et archéologique du Gâtinais*, tome II (1884), p. 65-81. Tirage à part à 100 exemplaires (Orléans, Herluison, 8°, 21 p.).

3. Ce travail se trouvera compris dans l'*Inventaire des ar-*

a quitté cette terre, il songeait à un article archéologique sur le donjon de Châtillon-sur-Loing, remettant aux premiers beaux jours son projet d'aller revoir avec plus de détails ce curieux monument.

La plupart des travaux d'Edmond Michel étaient encore manuscrits, mais déjà sa réputation était faite; dans la région, on l'estimait et on l'appréciait; le conseil général du Loiret lui avait décerné, en août 1882, le prix Robichon[1]. En visitant les églises, il avait fait la connaissance des curés; en feuilletant les archives, il avait vu les maires, et autour de lui les membres de la Société du Gâtinais s'étaient groupés pour écouter ses conseils et propager au loin son renom d'archéologue et d'érudit.

De 1879 à 1884, en voyageant, il avait préparé un *Guide d'Orléans*[2] et un *Guide de Blois*[3], l'*Inventaire des richesses d'art du département du Loiret*[4], et recueilli par l'estampage les inscriptions totales

---

chives municipales de la ville de Montargis, que publiera très prochainement la Société historique et archéologique du Gâtinais, avec l'assentiment du conseil municipal.

1. Voir, sur ce prix et l'idée qui a présidé à sa fondation, une notice de M. Herluison (Orléans, 1877).

2. *Petit guide complet de l'étranger dans la ville d'Orléans* (Orléans, Herluison, 1884), in-32, 61 p.

3. *La ville de Blois et ses environs, petit guide complet de l'étranger* (Orléans, Herluison, 1884), in-32, 110 p. et fig.

4. Les arrondissements de Gien et de Montargis sont actuellement les seuls imprimés dans l'*Inventaire général des richesses d'art de la France*, Province, *Monuments religieux*, tome I (Paris, Plon, 1885), p. 199-320. Encore l'arrondissement de Montargis est-il inachevé. Ceux d'Orléans et de Pithiviers doivent, après révision, paraître à la suite, dans la même collection.

des diocèses d'Orléans et de Sens[1], partielles des diocèses de Chartres, de Blois et de Meaux. Il meurt et cependant son bagage littéraire est déjà suffisamment lourd. Outre les publications citées dans cette notice, il est encore l'auteur de quelques brochures et articles de revue[2]. Mais tout cela représente-t-il le travail auquel il s'est livré? Peut-on juger son œuvre par ce qui en a été imprimé? Assurément non. Douze ou quinze ans de vie et de santé lui eussent été nécessaires pour arriver au but qu'il se proposait d'atteindre. Les matériaux étaient prêts, les fondations posées; il s'agissait d'élever sur un sol bien établi un édifice

---

1. Un seul fascicule a paru jusqu'ici sous le titre : *Inscriptions de l'ancien diocèse d'Orléans; archidiaconé d'Orléans* (Orléans, Herluison, 1885), in-4°, 202 p. et pl.

2. En y ajoutant encore : Tombeau de l'abbé de Blanchefort dans l'église de l'ancienne abbaye de Ferrières, avec 2 grav. (*Gazette des Beaux-Arts*, août 1883, p. 225-229 et tir. à part à 50 exempl.); — Un tombeau mérovingien au Grand-Villon (Loiret), dans *Annales de la Société du Gâtinais*, t. III (1885), p. 196-201 ; — Inscriptions de l'église d'Yèvre-le-Châtel (Loiret), dans *Revue des Sociétés savantes*, 7e série, t. III, p. 277-291 ; — Les Du Cerceau à Montargis (non encore publié) ; — quelques communications intéressantes au Comité des travaux historiques sur des objets antiques découverts à Neuflize (Aisne), sur les clous des couvertures de manuscrits à la bibliothèque de Bourges, sur une chasuble du XVe siècle (provenant de Bourges), sur des silex taillés trouvés à Fontenay-sur-Loing (Loiret), et sur le sceau de Jean Pot, abbé de Ferrières ; — enfin le texte des trois livraisons des *Bords du Loing* (Orléans, Herluison, 1885, in-4°), dont les dessins ou eaux-fortes de M. Paul Fouché représentent Ferrières, Fontenay-sur-Loing et Dordives (Loiret), j'aurai, je crois, dressé le tableau complet du travail exécuté en quelques années par le laborieux érudit dans le silence du cabinet de Touvent.

somptueux et grandiose : les *Inscriptions du diocèse d'Orléans*, à peine connues, et les *Inscriptions du diocèse de Sens*, infiniment plus curieuses et plus ignorées, devaient venir se placer à côté du monumental ouvrage de Guilhermy[1].

A l'un de ses voyages d'investigation, alors qu'il allait de village en village en quête d'inscriptions à relever, se rapporte une aventure qu'il me paraît intéressant de consigner ici, d'autant plus que lui-même va nous la raconter. Je transcris, en effet, textuellement les notes que j'ai retrouvées dans ses papiers, à la date du 29 juillet 1880 :

Il était 7 heures 10 du matin, à la Ferté-Alais. J'allai trouver le curé à l'église, dans la sacristie, lui expliquai le but de mes recherches et lui demandai la permission de relever les pierres tombales de son église et de monter au clocher. Il m'accorde toute autorisation et me donne un enfant de chœur pour m'ouvrir le clocher. Je monte et prends l'inscription, je redescends, remets la clef à l'enfant et commence à estamper une pierre tombale devant la grande porte à l'intérieur. A peine avais-je commencé que le curé monte à l'autel; je sors pour ne pas troubler les fidèles et vois une croix en face du grand portail. Je m'assieds sur une marche et la regarde : c'est un chapiteau de la fin du XIIe siècle à larges feuilles retroussées, avec son astragale et une partie du fût. Je vois la date d'érection — 1659. — A peine commencé-je à écrire les détails de cette croix que passe un brigadier de gendarmerie. Il me regarde, je le regarde et reprends mon travail. Deux minutes après il repasse et m'aborde : « Elle est vieille, cette croix? — Oui, je viens de

---

1. Publié dans les *Documents inédits* sous les auspices du Ministre de l'instruction publique, en 5 volumes in-4° (Paris, Imprimerie Nationale, 1876-1883).

voir la date; 1659. — Vous vous occupez d'antiquités, vous visitez les églises. — Oui. — Et pourquoi ? — Pardon, brigadier, pourquoi toutes ces questions; je pourrais n'y pas répondre. — C'est vrai, mais vous avez été à Mespuits ? — Oui. — A Roinvilliers ? — Oui. — Eh bien ! le tronc de Roinvilliers a été volé le matin même de votre visite à l'église. — Ah ! — Oui, et l'on vous accuse de l'avoir pris, 30 ou 40 francs ! — Oh ! — [Ici je suis interrompu (2 heures 3/4) par deux gendarmes venant chercher mes clefs pour fouiller ma voiture ! Cela se corse !] — Et il faut me suivre à la gendarmerie, puis je vous conduirai au procureur de la République, à Étampes, auquel vous êtes signalé ainsi qu'à toutes les brigades de gendarmerie. — J'explique que j'ai commencé à estamper une pierre à l'église. — Le brigadier répond : Je vais vous donner un gendarme pour vous accompagner où besoin sera. A la gendarmerie le brigadier écrit mon affaire sur trois ou quatre registres, fait copier l'acte d'accusation et me voilà parti avec mon gendarme qui rentre avec moi à l'église et assiste à la fin de l'estampage. Puis nous allons à l'hôtel de l'Écu, où je loge, payer ma dépense et faire atteler. Je reviens à la gendarmerie ; le brigadier se prépare, un gendarme aussi, en grande tenue, tricorne, et je *me* conduis prisonnier, flanqué de mes deux gendarmes, à Étampes. Dix-sept kilomètres fatigants pour mon cheval. Arrivé à 11 heures 1/2, nous descendons au tribunal : le procureur de la République et son substitut étaient déjà partis pour déjeûner. Allons chez le procureur, me dit mon brave brigadier ! — Allons ! — Le procureur déjeûne, il se dérange. Je lui montre tout ce que j'ai de papiers sur moi ; je le prie d'ouvrir une lettre de ma mère, m'accusant réception de monographies, etc... — C'est très bien, mais cela ne suffit pas, il faut prouver votre identité. — Je vais, dis-je, télégraphier à plusieurs personnes et entre autres à mon ami intime M. de Freycinet, président du Conseil. — En attendant les réponses, car moi aussi je vais télégraphier de mon côté, je suis forcé de vous faire mettre à la sûreté. — Je m'incline. — On vous donnera du papier pour télégraphier, puis vous ferez apporter votre déjeûner et dans une heure je serai au parquet. — Je reprends le chemin de la gendarmerie et suis immédiatement incarcéré sous trois verroux. Une demi-heure après on m'apporte le papier. J'envoie une dépêche à ma mère, une à Freycinet, une à Girardot, une au sous-préfet de Montargis. Coût 12 fr. 30. — Quand le gendarme me rapporte le reste des 20 fr. que j'avais remis pour les dépêches, mon geôlier prend sur lui de laisser ouverte la porte de ma prison. . . . . J'attends d'être appelé devant le juge d'instruction[1].

La chose était bien simple : en montant dans le clocher, Edmond Michel avait négligé de fermer la porte extérieure de l'église, et quelque maraudeur des environs avait profité de l'occasion pour briser le tronc où les paroissiens de Roinvilliers déposaient leurs offrandes habituelles. Le juge d'instruction lui fit subir un interrogatoire en règle, et même après l'arrivée des dépêches, qui établissaient sans peine la non-culpabilité de l'archéologue, ce magistrat usa de procédés peu dignes à son égard. Il consentit finalement à le laisser aller; mais si la victime de cette étrange méprise n'avait pas su prendre gaiement son parti de l'affaire, sachant faire contre fortune bon cœur, peut-être l'affaire se serait-elle singulièrement aggravée.

Je n'ajouterai rien à ce que j'ai dit déjà des qualités morales d'Edmond Michel : il était bon, juste, aimable et généreux, sachant faire le bien sans le paraître; il ne connaissait ni l'égoïsme ni la jalousie, et sympathique au premier abord, il laissait derrière

---

1. *Inventaire des richesses d'art de la généralité d'Orléans*, papiers mss., t. III (1880-1882), p. 1164-1167.

lui une impression de verve et de bonne humeur dont se souviendront tous ceux qui l'ont approché.

La Société qu'il a contribué à fonder et qu'il sut diriger avec tant de zèle et d'intelligence tiendra à honneur de conserver vivace et présente sa mémoire bien aimée; c'est en son nom que je suis venu déposer un dernier souvenir sur sa tombe, en son nom que j'ai voulu lui décerner les justes éloges qui sont, comme dit Voltaire, « le parfum qu'on réserve pour embaumer les morts. »

HENRI STEIN.

Fontainebleau. — M. E. Bourges imp. breveté.

www.ingramcontent.com/pod-product-compliance
Ingram Content Group UK Ltd.
Pitfield, Milton Keynes, MK11 3LW, UK
UKHW020228180726
13838UKWH00005B/2259

9 782329 375007